ALPHABET

DES

ENFANTS

DIVISÉ PAR SYLLABES,

A L'USAGE DES MÈRES DE FAMILLE,

POUR

apprendre avec facilité les enfants à épeler.

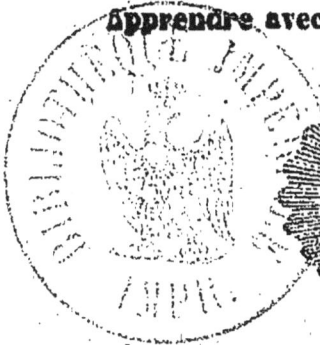

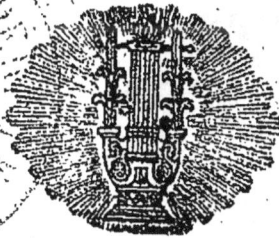

PARIS,

CHEZ WENTZEL, ÉDITEUR

65, RUE SAINT-JACQUES, 65

ALPHABET

DES

ENFANTS

DIVISÉ PAR SYLLABES,

A L'USAGE DES MÈRES DE FAMILLE,

POUR

apprendre avec facilité les enfants à épeler.

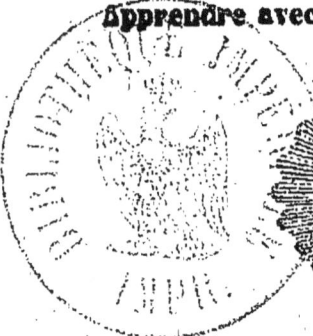

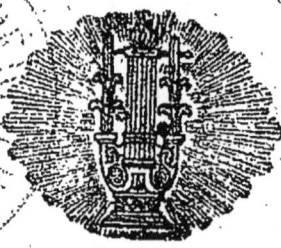

PARIS,
CHEZ WENTZEL, ÉDITEUR
65, RUE SAINT-JACQUES, 65

ALPHABET

DES

ENFANTS

DIVISÉ PAR SYLLABES,

A L'USAGE DES MÈRES DE FAMILLE,

POUR

Apprendre avec facilité les enfants à épeler.

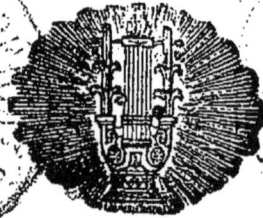

PARIS,

CHEZ F. WENTZEL, ÉDITEUR

65, RUE SAINT-JACQUES, 65

X A B C

H I J K

P Q R S

X Y Z Æ

1 2 3 4 5

D E F G

L M N O

T U V W

Œ E È Ê

6 7 8 9 0

A, B, C, D, E, F,
G, H, I, J, K, L,
M, N, O, P, Q, R,
S, T, U, V, X, Y,
Z, Æ, OE.

a, b, c, d, e, f, g, h, i, j, k,
l, m, n, o, p, q, r, s, t, u,
v, x, y, z, æ, œ, ff, fl, ffl,
fi, ffi, w, ç.

1, 2, 3, 4, 5, 6, 7, 8, 9, 0.

VOY ÉL LES.

a, e, i, o, u, y.

CON SON NES.

b, c, d, f, g, h, j, k, l,
m, n, p, q, r, s, t, v, x, z.

A	E	É	I	O	U
ba	be	bé	bi	bo	bu
ca	ce	có	ci	co	cu
ka	ke	ké	ki	ko	ku
da	de	dé	di	do	du
fa	fe	fé	fi	fo	fu
pha	phe	phé	phi	pho	phu
ga	ge	gé	gi	go	gu
ha	he	hé	hi	ho	hu

ja	je	jé	ji	jo	ju
la	le	lé	li	lo	lu
ma	me	mé	mi	mo	mu
na	ne	né	ni	no	nu
pa	pe	pé	pi	po	pu
qua	que	qué	qui	quo	qu
ra	re	ré	ri	ro	ru
sa	se	sé	si	so	su
ta	te	té	ti	to	tu
va	ve	vé	vi	vo	vu
xa	xe	xé	xi	xo	xu
za	ze	zé	zi	zo	zu
bla	ble	blé	bli	blo	blu
bra	bre	bré	bri	bro	bru
cla	cle	clé	cli	clo	clu
cra	cre	cré	cri	cro	cru
dra	dre	dré	dri	dro	dru

fra	fre	fré	fri	fro	fru
phra	phre	phré	phri	phro	phru
fla	fle	flé	fli	flo	flu
phla	phle	phlé	phli	phlo	phlu
gra	gre	gré	gri	gro	gru
gla	gle	glé	gli	glo	glu
pla	ple	plé	pli	plo	plu
pra	pre	pré	pri	pro	pru
spa	spe	spé	spi	spo	spu
sta	ste	sté	sti	sto	stu
tla	tle	tlé	tli	tlo	tlu
tra	tre	tré	tri	tro	tru
vra	vre	vré	vri	vro	vru

Au nom du Pè re du Fils et du Saint Es prit. Ain si soit il.

Écureuil.

MOTS DE DEUX SYLLABES.

Pa pa.	Tou tou.
Ma man.	Pou pée.
Gâ teau.	Dra gées.
Jou jou.	Bon bon.
Da da.	Vo lant.

Gazelle.

Rai sin.	Bam bin.
Se rin.	Cha peau.
Voi sin.	Bon net.
Poi re.	Ca non.
Pom me.	Bou let.

Hippopotame.

Ca ba ne.
Con fi tu re.
Da moi seau.
Dé chi rer.
E tren ner.

Mouton.

Gra pil ler.
Im pos tu re.
In con ti nent.
Ju di ci eux.
La pi dai re.

Renne.

Lai tiè re.
Né gli gen ce.
Par don na ble.
Ré cré a ti on.
Se cou ra ble.

No tre Pè re qui ê tes aux cieux, que vo tre nom soit sanc ti fié, que vo tre rè gne ar ri ve, que vo tre vo lon té soit fai te en la ter re com me au ciel; don nez nous au jour- d'hui no tre pain quo ti- dien et par donnez - nous nos of fen ses com me nous les par don nons à ceux qui nous ont of fen- sés, et ne nous lais sez point suc com ber à la ten- ta ti on, mais dé li vreznous du mal. Ain si soit il.

Je vous sa lue Marie, plei-ne de grâ ces, le Sei-gneur est a vec vous, vous ê tés bé nie en tre tou tes les fem mes, et Jé sus, le fruit de vos en trail les, est bé ni.

Sain te Ma rie, mè re de Dieu, pri ez pour nous, pau vres pé cheurs, main-te nant et à l'heu re de no tre mort. Ain si soit il.

Je crois en Dieu, le Pè re tout puis sant, Cré a teur du ciel et de la ter re, et en Jé sus Christ, son fils u ni que, no tre Sei gneur, qui a é té con çu du Saint Es prit, est né de la Vier ge Ma rie, a souf fert sous Pon ce Pi la te, a é té cru ci fié, est mort et a é té en se ve li, est des cen du aux en fers, et le troi siè me jour est res sus ci té des morts, est mon té aux cieux, est as sis à la droi te de Dieu, le Père tout-puissant, d'où il vien dra ju ger les vi vants et les morts.

Je crois au Saint Es-prit, la sain te E gli se ca-tho li que, la com mu nion des Saints, la ré mis sion des pé chés, la ré sur rec-tion de la chair, et la vie é ter nel le. Ainsi soit il.

Paris, Imp. Moquet rue des Fosses-St-Jacques, 11.

www.ingramcontent.com/pod-product-compliance
Lightning Source LLC
Chambersburg PA
CBHW061804040426
42447CB00011B/2471